Empfangen der Würde im Alter
Ein christlicher Weg

Sieben Wege zum
kreativen Älterwerden
– Fünfter Weg –

Norbert Wickbold

Empfangen der Würde im Alter
Ein christlicher Weg

Sieben Wege zum
kreativen Älterwerden
– Fünfter Weg –

1. Auflage
Copyright © 2023 by Norbert Wickbold
Layout, Umschlaggestaltung und Illustration: Norbert Wickbold
Titelbild: Norbert Wickbold
Korrektorin: Irene Wickbold
Verlag: tredition GmbH, Hamburg

ISBN: 978-3-347-93269-2 (Paperback)
ISBN: 978-3-347-93270-8 (Hardcover)
ISBN: 978-3-347-93271-5 (e-Book)

Bibliografische Information der Deutschen Nationalbibliothek:
Die Deutsche Nationalbibliothek verzeichnet diese Publikation in der Deutschen Nationalbibliografie; detaillierte bibliografische Daten sind im Internet über http://dnb.d-nb.de abrufbar.

Inhalt

Vorwort

Hier wird ein christlicher Weg aufgezeigt. Er führt Dich gewiss nicht in ferne himmlische Welten. Er führt Dich vielleicht auch nicht in die Kirche. Vor allem führt er Dich hin zu Dir selbst. Zu Deinem Licht und zu Deinem Schatten. Und zu Deinem Herzen. Zu Deinem Lebensplan. Zum Christus in Dir. Zur Geborgenheit im Göttlichen.

Dein Leben bewusst gehen und dadurch in Würde alt werden. Wie das gelingen kann, dazu soll dieser fünfte Weg die Trittsteine weisen. Aschenputtel macht im gleichnamigen Märchen deutlich: Würde bekommst Du nicht von außen. Würde ist keine Frage des Habens, sondern des Seins. Würde erlangst Du durch Deine eigene Haltung. Durch bewusste Wertschätzung der Menschen und Ereignisse, die Dir gegeben wurden. Gegeben von anderen, vom Leben und vom Schicksal.

Ja, auch das Schicksal annehmen und die damit einhergehenden Schattenseiten in ihrem Wert und ihrer Bedeutung für Dich anerkennen.

Dann kann das, was bisher im wahrsten Sinne des Wortes ein Schattendasein fristen musste, als Teil Deiner Persönlichkeit anerkannt und integriert werden. So verstehe ich Jesus Aufforderung zur Feindesliebe.

Damit wird ein wichtiger Schritt der Selbst-Erkenntnis möglich. Im Grunde wesensfremde und von anderen übernommene Persönlichkeitsanteile können wieder losgelassen werden, um so den wahren Wesenskern zu entdeckt werden. Das bezeichne ich als den Christus in Dir. Es ist das, was Dir aus der Seele spricht, was Du vom Grunde Deines Herzens willst.

Gelingt es Dir nicht Dich auf diesen Weg zu begeben, kann es geschehen, dass Du den Weg der Gehässigkeit gehst. Dann fühlst Du Dich von aller Welt betrogen und weil Du selbst keine Verantwortung dafür tragen willst, machst Du anderen das Leben schwer.

Glückt es Dir, den hier beschriebenen Weg weiterzugehen, gelangst Du wieder ins Urvertrauen und letztlich in die göttliche Geborgenheit.

Norbert Wickbold

 A

Aschenputtel

und

Was wir davon lernen können

Die Geschichte vom Aschenputtel ist so alt wie die Menschheit. Eine Geschichte davon, wie durch Entwürdigung die Unmenschlichkeit Macht erlangt. Gerade die arme Seele ist es, die reinen Herzens bleibt. Bei allem, was Aschenputtel geschieht, behält sie die Selbstachtung und erweist sich als das würdevollste Wesen. Aschenputtel ist von menschlicher und väterlicher Hilfe verlassen. Als wirklich gottverlassen erweisen sich jedoch die herzlosen Schwestern. Sie haben Dreck am Stecken und an ihren Füßen klebt Blut.

> *„Rucke di gu, rucke die gu,*
> *Blut ist im Schuh.*
> *Der Schuh ist zu klein,*
> *die rechte Braut sitzt noch daheim.“*

In den Staub getreten!

Nachdem sie Aschenputtel verächtlich in den Staub traten, hinterlässt nun jeder ihrer Tritte eine Blutspur. Andere erniedrigen, um sich selbst zu erhöhen. Ein altbekanntes Muster. Sie begehren und beanspruchen für sich teuren Schmuck und prunkvolle Kleider. Aschenputtel schätzt den Wert eines herabgefallenen Haselzweiges. Aus ihm erwächst mit göttlicher Hilfe der Baum, von dem die rettende Unterstützung kommt. Selbstbewusst kann sie zur richtigen Zeit rufen:

„Bäumchen, rüttel dich und schüttel dich,
wirf Gold und Silber über mich."

Am Ende erweist sich: Die falschen Prinzessinnen leben auf zu großem Fuß. Ihre schreiende Ungerechtigkeit zahlt sich nicht aus und findet schließlich zum gerechten Ausgleich. Sie müssen fortan durchs Leben humpeln. Denn der wahre Prinz lässt sich nicht blenden. Er erkennt sofort den echten Wert. All dies wird nur möglich, weil Aschenputtel sich mithilfe der Tauben mit dem

Bild 1

Heiligen Geist verbindet. So gelingt es ihr, allen Anfeindungen zum Trotz die Opferrolle nicht anzunehmen. Gerade weil sie ihre Würde bewahrt, erweist sie sich als die rechte Königin.

Lässt Du Dich im Leben niedergetreten und zum Aschenputtel machen? Und im Alter? Gelingt es Dir auch dann Deine Würde zu bewahren? Hast Du Dich zur rechten Zeit der Hilfe des Heiligen Geistes anvertraut?

Bild 2

„In dem Alter, wo wir leben, findet der unmittelbare Verkehr mit dem Himmel nicht mehr statt. Die alten Geschichten und Schriften sind jetzt die einzigen Quellen, durch die uns eine Kenntnis von der überirdischen Welt, soweit wir sie nötig haben, zuteil wird, und statt jener ausdrücklichen Offenbarungen redet jetzt der Heilige Geist mittelbar durch den Verstand kluger und wohlgesinnter Männer [und Frauen*]und durch die Lebensweise und Schicksale frommer Menschen zu uns."

Novalis [...*] Einfügung vom Autor

12

 E

Empfangen der Würde im Alter
✝ Ein christlicher Weg ♥

Fünfter Weg

Im Alter würdevoll leben, und zwar ohne Leiden zu müssen, dass wünschen sich viele Menschen. Ist das möglich? Jedes Schulkind lernt, dass der erste Artikel im Grundgesetz der Bundesrepublik Deutschland lautet:

»Die Würde des Menschen ist unantastbar.«
Auch wenn uns die Würde des Menschen als das höchste Gut oder besser gesagt, der höchste Wert gilt, wird deren Fehlen oft erst im Alter und bei schwerer Krankheit bewusst. Die Würde ist kein materieller, sondern ein zutiefst menschlicher Wert. Ein Wert, der nicht nur von anderen gewährt werden kann, sondern erst vollständig wird, wenn er von jedem Einzelnen sich selbst gegenüber bewusst wahrgenommen und angenommen wird.

Du hast im Leben viel erreicht

Du hast vieles geleistet. Wenn Du ehrlich bist, kannst Du erkennen, dass Dir vieles gegeben wurde. Durch günstige Umstände, durch gute Freunde und vielleicht auch durch so manche göttliche Fügung. Und dennoch:

Du wirst spätestens im Alter all das wieder abgeben müssen. Wie wirst Du Dich dann fühlen?

Einsam?
Verlassen und leer?
Von Freunden und vom Leben betrogen?
Hilflos anderen ausgeliefert?
Entwürdigt?

oder

Reich beschenkt?
Dankbar?
Im Frieden mit Dir und den Deinen?
In Liebe geborgen?
Wertgeschätzt und gewürdigt?

Viele Menschen leiden im Alter

darunter nicht mehr die Rollen im Leben, im Beruf und in der Familie ausfüllen zu können, die sie einst innehatten. Dann fühlen sie sich in ihrem Wert zurückgesetzt. Ihnen mangelt es an Wertschätzung oder sie beklagen sich über die Geringschätzung, die sie nun erfahren. Nur langsam kommen sie zu der Einsicht, dass sie all dies abgeben müssen. Ihre Aufgabe ist es nunmehr, das Gewordene, die Gestalt ihres Lebens und somit sich selbst zu würdigen und wertzuschätzen.

Bild 3

Gut wäre, wenn es Dir gelingt:

Die Seelenqualität der Dankbarkeit auszubilden und all den Menschen und Mächten zu gedenken, die Dir geholfen haben zu dem Menschen zu werden, der Du heute bist.

Bild 4

Und es sind nicht nur Wunder, die Du empfangen hast. Ja, Du hast auch einige Wunden davongetragen. Auch die haben Dir geholfen. Auch sie sind Teil der Erfolgsgeschichte, die Dir Dein Leben ins Poesiealbum geschrieben hat. Das Leben hat Dich geformt und nun kannst Du Deinem weiteren Leben eine neue Form geben, so wird es Dir gelingen, würdevoll Deinem eigenen Alter entgegenzugehen.

Die Selbsttäuschungen

Dazu könntest Du aufhören, Dich an Deine Enttäuschungen zu klammern und Dich mit den Wunden, die sie in Dir gerissen haben, zu identifizieren. Solange Du sagst:

„Ich bin der Mensch, der diese Wunden trägt, der dieses Leid erfahren hat, der diese Schmerzen und Ängste hat",

ist Dein Herz damit gefüllt. So wirst Du den ursprünglichen Zauber, den Du seit Deiner Kindheit in Dir trägst, nicht mehr wahrnehmen. Dennoch kannst Du Dein Leid nicht vergessen und verdrängen solltest Du es auch nicht. Aber Du kannst aufhören, es als Grundlage Deines Lebens zu behandeln und Dein weiteres Leben daran anzuknüpfen. Das Gestern hat Dich zweifellos geformt. Und gerade dadurch bist Du heute nicht mehr der, der Du zuvor warst. Deshalb beginne heute Dein neues Leben. Auch der heutige Tag kann Dich formen, und Du selbst kannst diesen Tag – und damit ein Stück Deines Lebens neu formen.

Bild 5

Es wird vielleicht auch noch die Todesstunde
Uns neuen Räumen jung entgegensenden ...

Hermann Hesse

✠ 1

Zeit der Reifwerdung

„Die Verleugnung des Todes ist teilweise dafür verantwortlich, dass Menschen ein leeres, zweckloses Leben leben; denn wer lebt, als würde er ewig leben, dem fällt es allzu leicht, jene Dinge aufzuschieben, von denen er doch weiß, dass er sie tun muss. Lebt einer sein Leben in Vorbereitung auf morgen oder in Erinnerung an gestern, geht inzwischen jedes Heute verloren. Wer aber im Gegenteil wirklich begreift, dass jeder Tag, an dem er erwacht, sein letzter sein könnte, der nimmt sich die Zeit, an diesem Tag zu reifen, mehr zu dem zu werden, der er wirklich ist, und anderen Menschen die Hand entgegenzustrecken und ihnen offen zu begegnen."

Elisabeth Kübler-Ross

Ein neuer Morgen

Wir stehen jeden Morgen als Neugeborene auf und abends stirbt das, was nur für diesen Tag wichtig war. All die Freuden, all das Leid, es ist da. Auch ohne uns. Jeder Mensch erfasst an jedem Tag etwas davon. Dennoch ist niemand die Freude oder das Leid selbst. Kein Mensch besteht nur aus Leid, Trauer oder Verzweiflung.

Am Ende des Tages können wir all das zurücklassen. Dann kann an jedem Morgen ein neues Leben beginnen, weil das, was uns gestern geformt hat, heute nicht mehr zählt, denn für heute wartet Neues auf uns. Und wir können die Sorgen von gestern hinter uns lassen und dem neuen Tag vollkommen zuversichtlich entgegensehen.

Halte Dich nicht an Deiner Dunkelheit fest, damit Du das Licht in Dir wieder sehen lernst und Deinen Morgenstern wiederfindest.

Ein neuer Tag

Wenn hier von einem neuen Tag gesprochen wird, so kann das selbstverständlich auch für einen neuen Lebensabschnitt gelten. Sei dies eine neue Stelle, eine neue Beziehung, eine neue Wohnung oder der Eintritt ins Rentenalter. Egal, wie alt wir sind:

Dieses Neue wird gerade erst geboren!
Weil es noch keine Vergangenheit hat, ist es
frei von Formen, Vorgaben und Belastungen
– eben wie ein neugeborenes Kind.

Bild 6

21

Fühl Dich wie neugeboren

Das könnte Jesus gemeint haben, als er sagte: »*Werdet wie die Kinder.*« Für die Kinder ist jeder Tag eine neue Überraschung. Für uns Erwachsene ist dabei die Gelassenheit entscheidend, mit der wir unser altes Leben loslassen, genauso wie das grenzenlose Vertrauen, der unerschütterliche Glaube an das innere Licht, das uns gegeben ist.

Bild 7

Tod und Wiedergeburt

Damit etwas neu geboren werden kann, ist es erforderlich, dass etwas Altes zuvor stirbt. Es ist vielleicht vergleichbar mit den welken Blättern aus dem Vorjahr, die entfernt werden müssen, damit die Knospen zu neuen Blüten werden.

„Ein [...] Transformationsmuster nenne ich »Tod und Wiedergeburt. Dabei »stirbt« ein Erfahrungsaspekt, weil man aus ihm herauswächst, er sich für die eigene Reise überholt hat und die darin gebundene Energie abnimmt. Wenn man gewillt ist, diesen Tod zuzulassen und das alte Muster, die alte Verhaltensweise loszulassen, bildet sich nach einer Phase der Leere eine neue Energie, ein neues Muster und nimmt ihren Platz im Leben dieses Menschen ein. In der Bewegung zwischen den Lebensabschnitten lässt sich das gut beobachten. Eine frühere Lebensphase muss in uns »sterben«, bevor die nächste geboren werden kann."

Thomas Yeomans

 **2**

Den inneren Frieden finden

Bei Dir angekommen zu sein, bedeutet, Dich selbst verwirklicht zu haben. Und es heißt, zu dem geworden zu sein, was Dir als inneres Bild vorschwebte, als Du Deinen Fuß auf diese Erde setztest. Auch wenn Du es noch nicht erreicht hast, ist es sicher ein lohnenswertes Lebensziel. Ja, erst wenn es Dir gelungen ist, den inneren Frieden, den Frieden mit Dir selbst und den Menschen, die Dir begegneten zu finden, ist etwas Ganzes entstanden. Erinnere Dich daran. Das ist etwas, wofür es sich zu leben lohnt!

„In jedem ist ein Bild
dessen was er werden soll.
Solang du das nicht bist,
ist nicht dein Friede voll."

Angelus Silesius

1. Bewahre den Frieden und Dein inneres Bild

Bild 8

Du hast Frieden aufgegeben.
Du hast Frieden gegeben.
Du hast Frieden hinterlassen.
Gib uns, o Herr,
Deinen Frieden vom Himmel.
Mach diesen Tag friedvoll
und ordne die noch verbleibenden Tage
unseres Lebens
in Deinem Frieden.

Stowe-Missale (um 800)

Frieden in unruhigen Zeiten

Wir leben in einer erfolgsorientierten Welt. Die Dinge, Ereignisse, andere Menschen und letztlich uns selbst bewerten wir nach den im Außen erreichten Zielen. Fehler und Misserfolge darf es nicht geben. Wie ist das bei Dir? Kannst Du, wenn Du ein Ziel erreicht hast, das Erreichte wirklich wertschätzen? Und denen, die Dir dabei halfen, danken? So stellt die Frage nach dem Frieden auch Dich vor viele Fragen:

Sind es nicht gerade die vermeintlichen Misserfolge, die Dich wieder zu Dir selbst zurückführen?

Ist das der Sinn hinter all den Krisen, die die Welt – und auch Dich – erschüttern?

Wie kannst Du in dieser Welt leben und gleichzeitig in Frieden mit Dir selbst sein?

Wie kannst Du ein friedvolles Mitglied dieser unfriedlichen Welt sein – oder werden?

Du selbst sein

Die geschilderte Ergebnisorientierung birgt als große Gefahr die Möglichkeit des Scheiterns. Mit dem Scheitern und Misslingen Deiner Vorhaben bist Du in Deinem Leben immer wieder konfrontiert. Du hast Strategien entwickelt, damit umzugehen und einen neuen Anlauf gewagt – oder auch mehrere. Zeitweise hast Du Dich auch enttäuscht und resigniert zurückgezogen und für einige Zeit in dieser Mutlosigkeit verharrt. Und doch hast Du Dich immer wieder aufgerafft, bist Deinen Weg weiter gegangen.

Dabei hast Du das Bild, das Du in Dir trägst, immer wieder verändert und dem, was sich Dir als Realität zeigte, angepasst. Aber tief in Deiner Seele ist der Wunsch oder die Sehnsucht nach Vollendung von dem, was Dein ureigenes Bild ausmacht, lebendig geblieben. So gibt es in Dir zwei Bilder: Das erste stellt dar, was Du werden wolltest und das zweite bildet ab, was Du bis jetzt geworden bist, also was Du tatsächlich verwirklichen konntest.

„Man braucht viel Zeit um jung zu werden."

Pablo Picasso

Diese Art Jugend muss man sich in der Tat erst erarbeiten; dazu bedarf es einer gewissen Reife. Die äußere Jugend ist ein Geschenk Gottes. Die innere Jugend ist das Ergebnis vieler mühevoller Jahre. Und gerade nicht über diese Mühen und die empfangenen Wunden zu klagen, sondern sich an der errungenen Leichtigkeit zu erfreuen, ist Ausdruck dieser erarbeiteten Jugend.

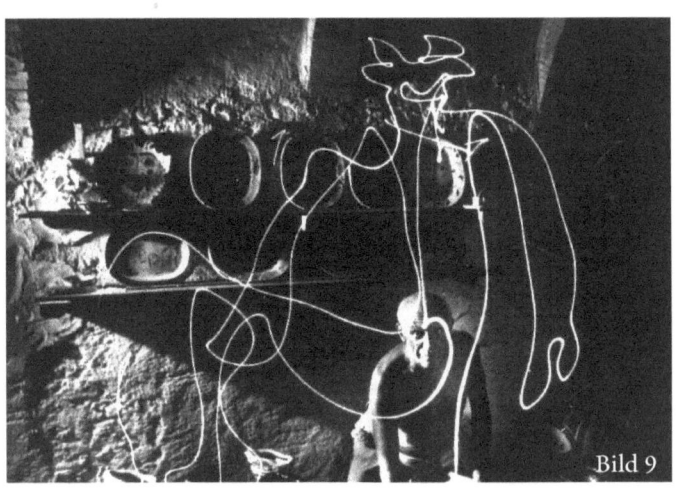

Bild 9

 **3**

Dich selbst als gereift empfinden,

auch wenn die Jahre der Jugend längst vergangen sind? Höre hierzu die weisen Worte:

ERTRAGE FREUNDLICH-GELASSEN DEN RATSCHLUSS DER JAHRE,

GIB DIE DINGE DER JUGEND MIT GRAZIE AUF.

STÄRKE DIE KRAFT DES GEISTES, DAMIT SIE DICH IN PLÖTZLICH HEREINBRECHENDEM UNGLÜCK SCHÜTZE.

aus: Desiderata

Kannst Du Dich selbst als gereift empfinden, wenn Deine innere Sehnsucht auch im hohen Alter ungestillt bleibt? Und was machst Du, wenn Du erkennen musst, dass Du nicht weiter bist als zu Beginn Deines Lebens? Hier kann Dir vielleicht eine Qualität eine Antwort geben, die besonders zum Bild vom Alter gehört:

Die Würde.

Was also ist Würde?

Hier ist nicht die Würdigung gemeint, die Dir passiv durch andere Menschen widerfährt, sondern die eigene Haltung, das Eigene, Dein Wesen und Dein Leben selbst zu würdigen. Das bedeutet, den Wert zu schätzen, der Deiner Person und Deinem tatsächlich gegangenen Lebensweg innewohnt. Das Würdigen des Gewordenen ist eine wichtige, wenn nicht die wichtigste Aufgabe im Alter – und eine große Hilfe, um alles vertrauensvoll wieder loslassen zu können.

Die Würde des Menschen ist unantastbar.

Ist Deine Würde für Dich tastbar?

Kannst Du Deine Würde wahrnehmen?

Gehst Du mit Dir selbst würdevoll um?

Kennst Du Deine ureigensten Werte?

Oder verlorst Du irgendwann Deine Würde?

Bewusstwerdung der Würde

Gerald Hüther beschreibt was durch die Bewußtwerdung Deiner Würde bewirkt werden kann:

„Menschen, die sich ihrer eigenen Würde bewusst geworden sind, [können] nicht länger so weiterleben wie bisher. Andere Personen spüren das, auf sie wirken solche Menschen tief greifend verändert. Sie verhalten sich achtsamer, zugewandter, liebevoller, sie ruhen stärker in sich selbst und strahlen diese Ruhe auch auf andere aus. Sie lassen sich nicht mehr antreiben und sind auch nicht mehr verführbar. Wer solchen Menschen begegnet, hat das Gefühl, sie hätten einen inneren Kompass gefunden, dem sie sich anvertrauen und der sie durchs Leben führt. Nicht irgendwie, sondern in Würde. Nicht irgendwohin, sondern hin zur gelebten Menschlichkeit. Diese Bewusstwerdung der eigenen Würde ist der entscheidende Schritt in die Freiheit, ein Akt der Emanzipation, nicht als Frau oder als Mann, sondern als Mensch."

In Würde alt werden,

das können wir guten Gewissens älter werden-
den Menschen und besonders unseren Angehö-
rigen und Freunden wünschen.

So erstrebenswert dieser Zustand auch sein
mag, so unklar ist gleichzeitig, was darunter zu
verstehen ist.

Wie geht so etwas wie ein würdevolles Altern?

Welche Bedingungen sind dafür erforderlich?

Bild 10

✦ 4

Vom Danken zum Empfangen

Die Würde bedarf der Dankbarkeit. Denken hat rein sprachlich – zumindest im Deutschen – etwas mit Gedenken zu tun, also mit Danken.

Dich bedanken für die vielen Dinge, Begegnungen, Gespräche, Hinweise, die Dich durch Dein Leben begleitet und geleitet haben. Wie wäre es dankbar zu sein für all die Menschen, die Dir Gefährten waren, die vielen Freunde, die Dich geliebt haben. Aber auch für die Menschen, die Dir auf andere Weise halfen, wenn es oft auch mühevoll oder schmerzhaft war. Erst das Danken ermöglicht es, Dein Schicksal anzunehmen, es als Dein Eigenes zu empfangen.

Danken bedeutet Würdigen.
Würdigen nicht nur den, der Dir gegeben hat, sondern auch Dich selbst. Denn Du warst der Empfangende. Dir ist das Gewünschte gelungen oder gegeben worden. Danke dafür!

2. Hab Dank für alles, was Dir gegeben wurde

Entspannen nach getaner Arbeit

In der Kreationsspirale von M. Knoope, die den Weg vom Wünschen zur Wunscherfüllung beschreibt, (siehe Zweiter Weg, S. 37) folgt dem Empfangen das Entspannen. Ich glaube, erst das Entspannen ermöglicht das Empfangen.

Unabhängig davon, ob Dein Projekt erfolgreich war oder nicht, solltest Du Dich von der damit verbundenen Anstrengung wieder lösen. Entspannen bedeutet all die Anspannungen, die erforderlich waren, wieder loszulassen. Ohne bewusst diese Phase des Loslassens und Entspannens zu durchlaufen, kannst Du Dein Werk nicht zum Abschluss bringen.

Entspannung bedeutet Ausspannen. Stell Dir vor, Du hast für Deine Arbeit ein schweres Zugpferd vor den Wagen gespannt. Nachdem es Dich ans Ziel gebracht hat, wirst Du es wieder ausspannen, um ihm Ruhe zu gönnen. In Deinem Projekt, im Projekt Deines Lebens hast Du Dich selbst als Zugpferd eingespannt. Du hast Dich selbst zum Objekt für die Erreichung Deines Zieles gemacht.

Empfangen – eine neue Haltung

Ohne Entspannung bleibst Du in der Anspannung stecken. Du bleibst ein zielorientiertes Objekt. Vielleicht hast Du Dir ein hohes Ziel gesteckt, musstest eine lange Durststrecke durchstehen, hast Deinen Weg entmutigt abgebrochen oder bist durch Ereignisse, die Du nicht zu verantworten hattest, nicht erfolgreich gewesen.

Oder Du bist in der Anspannung geblieben und hast schon etwas Neues begonnen, bevor Du wirklich empfangen hast. Spätestens dann verlorst Du Deinen Erfolg. Statt den Erfolg anzunehmen und ihn zu empfangen, hast Du die Aufmerksamkeit auf all Deine Mühen, Anstrengungen und Misserfolge gerichtet.

Wenn Du Dich selbst aus der Rolle des zielorientierten Objekts ausgespannt hast, wirst Du wieder zum Subjekt. Du wirst wieder Du selbst. Als die Person, die Du bist, kannst Du den Erfolg, das Gelingen Deines Projektes empfangen und in Dir aufnehmen. Es ist somit zunächst eine Disidentifikation erforderlich:

3. Ich habe ein Ziel, aber ich bin nicht das Ziel

Zwischen Sein und Schein

Ohne Dich vom Objekt-Sein zu disidentifizieren bleibst Du angespannt und übergehst das Danken. Statt Dich zu bedanken, machst Du Dir Sorgen. Richtest Du mit diesem Sorgengepäck den Blick auf Dein Älterwerden? Machst Du Dir Sorgen, dass Du im Alter noch vergesslich(er) werden könntest? Dann beginnt (siehe im Dritten Weg, S. 40) die negative Kreationsspirale. Oder Du wirst verbittert. Dann kann die negative Kreationsspirale für Dich zur vergifteten Kreationsspirale werden. Das wäre der Weg in die Gehässigkeit (siehe S. 37). Möglicherweise konntest Du schon in der Kindheit die gewünschte Liebe nicht empfangen. Und die, von denen Du später diese Liebe einfordertest, konnten oder wollten Dir diese nicht geben. Wieder und wieder blieb Deine Sehnsucht unerfüllt. So hast Du Deine Mitmenschen als abweisend oder feindlich empfunden. Verhaftet in der Objektorientierung machst Du sie zu Objekten Deiner Rache für die entgangene Liebe und strafst sie durch Gehässigkeit.

4. Meide den Weg der Gehässigkeit

 **5**

Der Weg der Gehässigkeit

Tab. 1: Vergiftete Kreationsspirale

Begegnung mit dem Schatten

Solange Du Dich selbst und andere als Objekte betrachtest, entgeht Dir Deine Subjektivität. Und so hältst Du Deine Sichtweise für objektiv. Für eine objektive Beschreibung der Realität. Realität ist das, was Du als Subjekt dafür hältst. Somit entsteht in Dir neben der äußeren Realität eine innere Realität. Neben der objektiven eine subjektive Realität. Die fehlende Unterscheidung führt zu einer Diskrepanz, einer Anspannung, die sich etwa darin äußert, dass Du Dich ärgerst oder dass Du Dir Stress machst. Es ist schon interessant, dass die Sprache hier ehrlicher ist. Sagst Du nicht manchmal, dass Du Dich über eine Person geärgert hast? So scheint Dir klar, dass der Grund Deines Ärgers in der anderen Person, etwa in seinem Verhalten liegt. Dennoch sagst Du: „*Ich* habe mich geärgert." Die Sprache verdeutlicht Dir, dass Du in Dir selbst die Ursache Deines Ärgers suchen musst. Der Ärger ist Teil Deiner eigenen Person. Der Ärger liegt in Dir als Subjekt, nicht in dem anderen als Objekt. Es ist Dein Schatten.

Der Grund des Zorns liegt in Dir

Indem Du den Grund Deines Ärgers in einer anderen Person suchst, wirst Du weder Dir noch dem andere gerecht. Statt Deinen Ärger zu beheben, machst Du diesem anderen Ärger – und in der Folge auch Dir selbst wieder neuen Ärger. Das ist entwürdigend für Dich und den anderen. Eine politische Karikatur aus den 80-er Jahren drückt dies sehr deutlich aus. Anstelle der dargestellten könnte jede andere Person stehen. Nicht die Person, sondern das Handeln ist das Übel. Titel:

Auf der Suche nach den Wurzeln des Bösen

Bild 11

„Und es kommt noch eines hinzu, dass wir die Einsicht gewönnen, in welchem Maße alles, was uns geschieht, gestaltend und kräftigend zu unserem Leben, nämlich zu uns selber gehört, und dass es somit durchaus abwegig ist, sich über Mißgeschick und dergleichen zu beklagen, weil wir es selber sind, die dies oder jenes Hindernis, das von außen auf uns zukommt, nicht etwa nur anziehen, sondern, so wir es nicht umzugestalten und zu verwandeln vermochten, es fälschlicherweise als ungerechtfertigte Tragik oder als unüberwindliche Hürde betrachten.

Jean Gebser

✠ 6

Von Feindesliebe und Reichtum

Was wir im Außen bekämpfen, sind oft unsere eigenen, ungeliebten, im Schatten liegenden Seelenanteile bzw. Teilpersönlichkeiten.

„Wenn wir einen Menschen hassen, so hassen wir in seinem Bild etwas, was in uns selber sitzt. Was nicht in uns selber ist, das regt uns nicht auf." HESSE, 1921, S. 175

So verstehe ich die Aussage von Jesus:

»Liebet eure Feinde!«

Bild 12

Liebe Deinen Nächsten
wie Dich selbst

Was heißt Deinen Nächsten, wie auch Dich selbst zu lieben? Zur Liebe bedarf es Nähe. Und zwar seelischer Nähe, nicht unbedingt auch räumlich-körperliche Nähe. Einen Menschen, der Dir nahe ist, kannst Du ohne Weiteres lieben. Jemanden, den Du gut verstehst, der Deine Sprache spricht, der so denkt wie Du, der so fühlt wie Du, der ist Dir nah, den kannst Du lieben. Den, der Dir vertraut ist, empfindest Du als liebens-würdig. Du kannst Dir jedoch auch jemanden, der Dir fremd ist, vertraut machen.

Was heißt zähmen? Das ist eine in Vergessenheit geratene Sache, sagte der Fuchs. Es bedeutet sich vertraut machen. Du bist für mich noch nichts als ein kleiner Knabe, der hunderttausend Knaben völlig gleicht. Ich brauche dich nicht und du brauchst mich ebenso wenig. Ich bin für dich ein Fuchs, der hunderttausend Füchsen gleicht. Aber wenn du mich zähmst, werden wir einander brauchen. Du wirst für mich einzig sein in der Welt. Ich werde für dich einzig sein in der Welt ... Saint-Exupéry

Die Sehnsucht nach Erlösung

Treibt eine Teilpersönlichkeit in Deinem Inneren sein Unwesen, ist es, als sei dieser Teil in Dir verwunschen. Als sei er Dir zum Feind geworden. Damit Dir dieser Teil bewusst wird, begegnet er Dir im Außen. Doch nicht damit Du ihn bekämpfst, denn er will endlich erlöst werden.

Wenn Du den Feind im Inneren liebst, brauchst Du keinen mehr im Außen, um ihn zu hassen.

Wenn Du das wirklich ernst nimmst, brauchst Du Gott nicht mehr darum zu bitten:

... und erlöse mich von dem Bösen.

Jetzt könntest Du vielmehr beten:

Erlöse das in mir wohnende Böse.

Oder Du könntest noch weiter gehen und beten:

Hilf mir, das in mir wohnende Böse zu erlösen.

Den Feind lieben lernen

Wie der kleine Prinz den Fuchs zähmt, so kannst Du auch den in Deinem inneren gefangenen Feind zähmen. Über Deinen Schatten springen kannst Du nicht. Und selbst leuchten, ohne auch Schatten zu werfen gelingt Dir ebenfalls nicht. Der Schatten gehört zu Dir. Erkenne ihn an! Ob Du ihn Schatten, Feind oder das Böse nennst, Du kannst anerkennen, dass er zu Dir gehört. Du kannst anerkennen, dass auch er seine Bedürfnisse hat. Du kannst anerkennen, dass er Dir etwas zu sagen hat. Du kannst ihm zuhören, ohne ihm gehorchen zu müssen. Nur ohne ihn anzuerkennen, wird Dir ein würdevolles Alter nicht gelingen. Anerkennung ist eine Form der Würdigung. Wenn Du ihn würdigst, wird es Dir auch gelingen, ihn zu lieben.

„Lieben, was ist!"

Byron Katie,

„Einwilligung, gesteigertes Selbstvertrauen"

Kübler-Ross

„Integration" und *„Das Leben resümieren"*

Naomi Feil

So könnte Würdigung gelingen:

Ist ein würdevolles Leben im Alter möglich? Nach 30 Jahren Arbeit in der Altenpflege behaupte ich: Ja! Es ist möglich, wenn wir bereit sind, unseren Schatten anzunehmen. Dann können wir ihn erlösen. Und damit können wir unsere Würde wieder erlangen. Zum Glück gibt es Beispiele von Menschen, denen dies gelungen ist.

Eine Frau, die damals 87 war, sprach über Dinge, die sie früher gerne gemacht hatte und nun nicht mehr tun konnte. Zu meiner Überraschung klagte sie nicht. Anstatt den Dingen nachzutrauern, sagte sie nur:

»Das habe ich jetzt gehabt! Und das kann mir niemand mehr nehmen. Ich habe es tief in mir aufgenommen und verwahrt. Ich kann mich jederzeit daran erinnern und dankbar dafür sein, dass ich das erlebt habe.«

Aus ihr strahlte es, denn sie besann sich auf den in ihr wohnenden reichen, Erinnerungsschatz. Und mir zeigte sie damit, welch schöner Weg zu Weisheit und Würde im Alter führen kann.

Die Reise Deines Lebens

Werde Dir Deines inneren Reichtums bewusst!

Eine Meditation.

Stell Dir bitte vor, dass Du auf eine Kreuzfahrt gehst. Die Kreuzfahrt ist etwas ganz Besonderes, weil alles, was Du dabei erleben kannst, nur Du erlebst. Nur Du allein. Du kannst diese Meditation natürlich auch in einer Gruppe machen. In dem Fall geht jeder Reisende auf seine eigene Kreuzfahrt. Nun geht es an Bord. Die Fahrt kann beginnen. Es ist eine Fahrt nur für Dich. Du allein bestimmst, wohin die Reise geht. Du bist Passagier, Steuermann und Kapitän. Die Reise führt Dich durch Dein Leben, durch Dein eigenes, bisher gelebtes Leben!

Dabei kannst Du Station machen, wo immer es Dir gefällt. Du bestimmst selbst, welcher Hafen angefahren wird. Auch Umwege sind kein Problem. Alles ist möglich! Selbst das Vorher und das Nachher können beliebig gewechselt werden. Wähle die schönsten Stationen Deines Lebens.

Sicher ist es sehr schön dort, wo Du verweilst. Selbstverständlich kannst Du so lange bleiben, wie Du willst. Deine einzige Aufgabe besteht darin, überall, wo immer Du an Land gehst, die schönsten »Erinnerungsfotos« zu machen. Vergiss nichts. Präge Dir alle Bilder ganz genau ein. Jedes Einzelne. Frage Dich: Welche Station ist das? Wie sieht es dort aus? Was passiert dort? Wem begegne ich dort? Auch wenn es Gedankenbilder sind, so sind es doch Bilder. Und es sind alles Deine Bilder. Ja, es ist Deine eigene

»The Best of my Life-Sammlung«

Und schließlich male Dir in Gedanken all die schönen Bilder und Szenen, all die Begegnungen und Gespräche dieser Reise aus. In den schönsten Farben. Auch Klänge, Düfte, kulinarische Genüsse, Stimmungen und Gefühle, Gedanken, Wünsche und Träume. Mit dieser Fotosammlung im Gepäck kannst Du Deine Reise zurück in Dein Heute antreten.

Dein innerer Reichtum

Wenn Du nun diese Erinnerungsfotos betrachtest, mache Dir bei jedem einzelnen Bild eines ganz deutlich bewusst:

Das alles war mein Leben. Das alles ist mein Leben. Das alles wird immer mein Leben sein. Das alles habe ich gehabt! Das alles habe ich erlebt! Das alles hat mich zu dem gemacht, der/die ich heute bin. Ich nehme es tief in mich auf und freue mich an meinem inneren Reichtum!

Bild 13

Dein Höheres Selbst entdecken

Nachdem Du Dir Deines inneren Reichtums bewusst geworden bist, kannst Du Dich dem höheren Selbst öffnen.

Dich Deinem höheren Selbst öffnen bedeutet: Dich dankend von Vergangenem verabschieden und Dich mit Freude dem Neuen öffnen, um für Dein Zukünftiges gewappnet zu sein. Das höhere Selbst ist der Bereich, der auch als Christus in Dir verstanden werden kann.

Bild 14

5. Entdecke den Reichtum, der in Dir steckt

 7

Ein christlicher Weg

„Wer das ewige Leben erlangen will,
– verkaufe seinen Reichtum,
– verleugne sich selbst,
– nehme sein Kreuz auf sich
– und folge mir." (Eben dem Christus in dir)
  1985, Mt 16,24-28; Mk 8,34-9,1; Lk 9,23-25

Seinen Reichtum verkaufen meint:
  Deinen inneren Schatz wertschätzen.

Sich selbst verleugnen könnte hier meinen:
  Dein bisheriges Leben, Deine Täuschungen
  und Verwicklungen aufgeben.

Sein Kreuz auf sich nehmen heißt:
  Dein Schicksal annehmen und tragen und
  die Schmerzen, die das Aufgeben der alten
  Verwicklungen verursacht, durchstehen.

Dem Christus in Dir folgen bedeutet:
  Deinem ureigenen Wesenskern, also Deiner
  inneren Stimme zu folgen.

Dadurch suchst Du nicht mehr Halt an Werten, Täuschungen und an Vergänglichem. Diese Aufgabe zu lösen kommt dem Tod einer Teilpersönlichkeit, also des unbrauchbar gewordenen Anteils, mit dem Du Dich bisher identifiziert hast, gleich.

Bild 15

ω Wege der Wandlung Ω

Das Alte sterben und hinter Dir lassen und

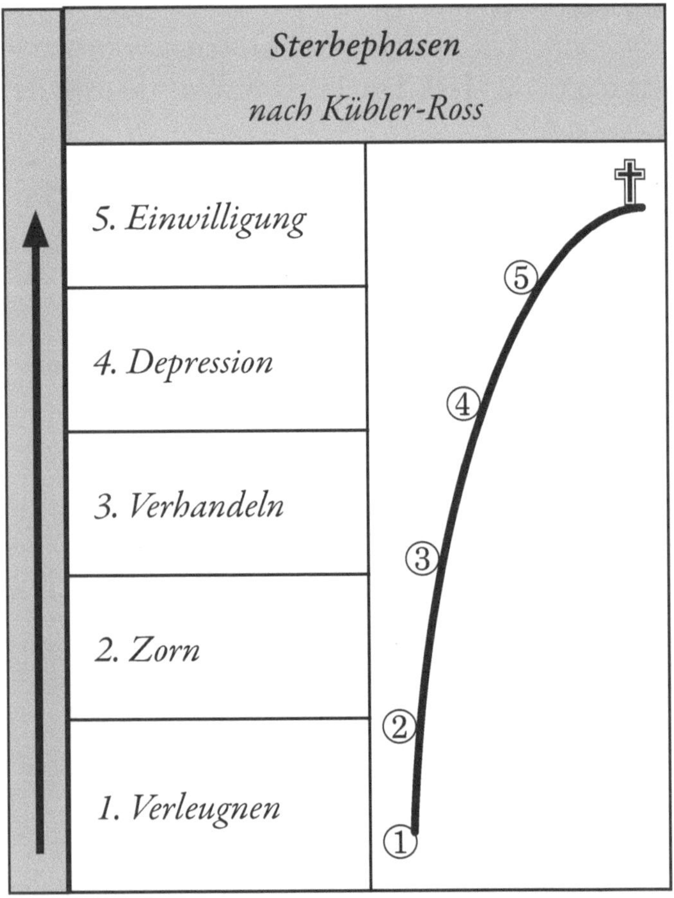

Sterbephasen nach Kübler-Ross	
5. Einwilligung	⑤ ✝
4. Depression	④
3. Verhandeln	③
2. Zorn	②
1. Verleugnen	①

Tab. 2: Sterbephasen nach Kübler-Ross

A Wege der Wandlung *α*

den Weg der Wandlung nach innen antreten

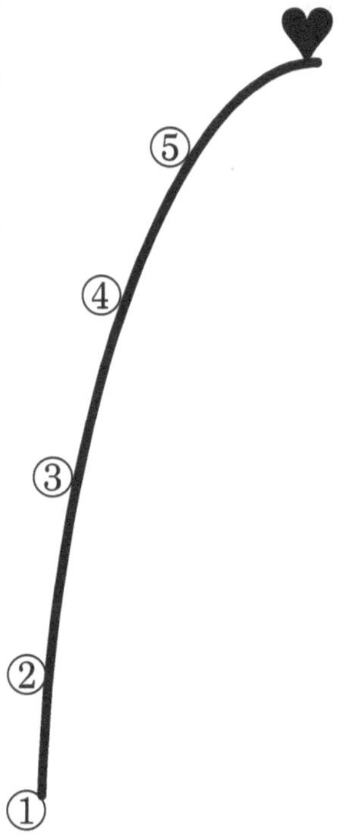

Weg zum ewigen Leben nach Jesus Christus		
♥ ⑤ ④ ③ ② ①	*Dich dem höheren Selbst öffnen = dem Christus in Dir*	
	Dich verlieren, und Dir Selbst begegnen	
	Dich Deines in- neren Reichtums bewusst werden	
	Dich mit Deiner dunklen Seite ver- binden	
	Dich Deinen Selbsttäuschungen entsagen	

Tab. 3: Weg zum ewigen Leben nach Jesus

Eins: Dich Deinen Selbsttäuschungen entsagen

Zu Beginn Deines Lebens kanntest Du Dich nicht aus und musstest erst herausfinden, in welcher Welt Du gelandet warst. Viele Menschen erklärten Dir, was Du tun musst und wie Du es tun musst, um Dich in ihrer Welt zurechtzufinden. In der göttlichen Geborgenheit, aus der Du kamst, war alles gut. Du konntest Dich zunächst an den anderen Menschen orientieren und alles, was Du beobachtest, nachmachen. Vieles, was ihres war, machtest Du Dir zu eigen. Du vergaßt Dein Eigenes und hast dafür Fremdes adoptiert. Zwar konntest Du von den anderen vieles lernen und vielleicht eifertest Du so manchem Vorbild nach. Oder orientiertest Du Dich so sehr an allgemeinen Regeln, dass Du darüber vergaßt, welchen Regeln Du brauchst, um Dich am besten zu entfalten? Wie oft glaubtest Du wirklich so zu sein, wie andere es für richtig hielten? Indem Du fortan diese Scheinidentifikation verleugnest, Dich davon wieder disidentifizierst, kannst Du zu dem finden, der Du wirklich bist.

Zwei: Dich mit Deiner dunklen Seite verbinden

Um den Anforderungen dieser Welt gerecht zu werden, hast Du einen Teil von Dir in den dunklen Keller Deiner Seele gesperrt und gerufen: Ich will dich nie wieder sehen! Seither kämpft diese Teilpersönlichkeit aus dem Untergrund mit Dir. Und manchmal auch gegen Dich. Um in der Gesellschaft gut zu funktionieren, hast Du Dich selbst zum Objekt gemacht. Einen Teil Deiner Subjektivität hast Du Dir zum Feind gemacht. Nun gilt es, die lange gefangene Subjektivität wieder zu befreien und Dich mit ihr zu verbinden.

7. Verbinde Dich mit Deiner dunklen Seite

Und da, es ruft aus mir und sitzt tief innen drin,
hört ihr denn nicht das Kind, das ich gewesen bin?
Ich will die Last nun nicht mehr weiter tragen,
will lachen, wie in frühen Kindertagen.
Weinen und Lachen, das einst Sehnsucht hieß,
in meiner Brust gefangen sitzt, wie im Verlies.
Die lange Haft ist nun vorbei,
es bricht heraus mit lautem Schrei.

Drei: Dich Deines inneren Reichtums bewusst werden

Die Abspaltung eines Teils Deiner Persönlichkeit lässt in Dir ein Gefühl des Mangels entstehen. Ein Mangel, der durch keinen äußeren Reichtum ausgeglichen werden kann. Erst wenn Du Deine verborgenen Schätze, Deine Talente wertschätzt und wenn Du mit ihnen Frieden schließt, offenbart sich Dir Dein wahrer Reichtum.

„Die Dinge, die wir sehen, sind dieselben Dinge, die in uns sind. Es gibt keine Wirklichkeit als die, die wir in uns haben. Darum leben die meisten Menschen so unwirklich, weil sie die Bilder außerhalb für das Wirkliche halten und ihre eigene Welt in sich gar nicht zu Worte kommen lassen. Man kann glücklich dabei sein. Aber wenn man einmal das andere weiß, dann hat man die Wahl nicht mehr, den Weg der meisten zu gehen. Der Weg der meisten ist leicht, unserer ist schwer. – Wir wollen gehen."

Hermann Hesse

Vier: Dich verlieren und Dir Selbst begegnen

Wie Du das, was Du unbewusst geworden bist, anerkennen und integrieren kannst, so gilt es auch das Bewusstgewordene anzuerkenen. Prüfe, was Dir weiterhin dienlich ist und was Dir auf Deinem weiteren Weg hinderlich sein wird. Nun könntest Du Dich von Altem lösen, es wandeln und Neues sich entfalten lassen. Dazu kannst Du in einer Traumreise zurück in Deine Jugend gehen. Stelle Dir vor, du würdest Dir selbst, dem Menschen, der Du warst, in jungen Jahren gegenübersitzen.

„Gehe in Dialog mit diesem jüngeren Menschen, [...] finde mehr über seine Erfahrungen heraus. Höre Dir an, was er zu sagen hat. Nimm alle Gedanken, Gefühle und Empfindungen, die dieser Dialog in Dir auslöst, wahr und auch die Einsichten, die Dir dieser Blick auf den Menschen, der Du einmal warst, schenkt. Kannst Du vielleicht erspüren, was dieser jüngere Mensch von Dir braucht und welche Geschenke er Dir zu geben hat?" Thomas Yeomans

Fünf: Dich dem höheren Selbst öffnen = dem Christus in Dir

Manchmal bekommst Du durch Träume eine Botschaft vom höheren Selbst. Besonders, wenn sich dieser Traum wiederholt. Während vieler Jahre Arbeit als Altenpfleger im Nachtdienst träumte ich immer wieder, ich sei zu spät oder zu langsam. Oder ich hatte für einen Bewohner mehr Zeit gebraucht als vorgesehen. Im Traum sprach das höhere Selbst zu mir, um mich daran zu erinnern, was ich eigentlich will. Ich lebte in der Angst, meine Pflicht nicht zu erfüllen, habe darüber aber vergessen, weshalb ich diese Arbeit überhaupt mache. Du kannst es auch so verstehen, dass der Traum Dir zeigt, was Dein Herz wirklich will. Der Traum erinnert Dich an das, was Du als Deinen göttlichen Auftrag auffassen kannst. Es ist Dein wahrer Wesenskern. Es ist der Christus in Dir. Wenn Du Dich da wieder anschließen kannst, bist Du wirklich in Deiner Kraft.

8. Höre, was Dein Herz Dir sagt

9. Erwecke den Christus in Dir

✚ 8

Werdet wie die Kinder!
Hilflos oder geborgen sein?

Wir Menschen sind offenbar von der Natur so angelegt, dass bei den Eltern durch das Erleben der Hilflosigkeit ihres Kindes ein Bestreben wachgerufen wird, für dieses Kind zu sorgen und ihm Geborgenheit zu geben. Ein Säugling zeigt durch sein So-Sein und besonders durch sein Schreien, dass es der Hilfe durch seine Eltern bedarf. So paradox es auch scheinen mag: In dieser Lebensphase ist es die Stärke des Kindes, hilflos zu sein!

Wenn wir uns vorstellen, dass die kleinen Kinder aus der göttlichen Geborgenheit ins Erdenleben gelangen, so bringen sie dieses Urvertrauen mit. Im jungen Erdenleben ist die erste Entwicklungsphase: Vertrauen entwickeln.

Gelingt dies nicht, wird eher eine Urangst entwickelt. Urangst oder Urvertrauen werden zur Grundhaltung des Menschen. Wer eine Urangst entwickelt und sie nicht gewandelt hat, trägt dennoch zeitlebens eine Sehnsucht im tiefen Herzen: *Geborgenheit erleben!*

Zurück zu den Wurzeln

Am Ende unseres Lebens kehren wir wieder zu unseren Wurzeln – und in letzter Konsequenz – zu unserem Ursprung zurück. Sind unsere Wurzeln stark, so gehen wir auch jetzt in unsere Stärke. Sind unsere Wurzeln schwach, so gehen wir auch jetzt in unsere Schwäche. In diesem Sinne werden wir wirklich wieder wie Kinder. Das stimmt jedoch nicht ganz, denn das Leben hat uns nicht einfach nur im Kreis geführt, sondern wir haben uns auf einer Spirale bewegt. Damit sind wir auf einer höheren Ebene angelangt. Wenn wir eine innere Stärke entwickelt haben, werden wir auch am Ende unseres Lebens gereifter mit der ursprünglichen Hilflosigkeit umgehen können. Im besten Fall kehren wir, geborgen im göttlichen Urvertrauen, diesem Leben den Rücken. Oder wir haben den im letzten Buch beschriebenen Weg der Greisheit beschritten. Dann begeben wir uns, genau wie wir als Säuglinge die Behüter- und Mutterinstinkte aktivieren mussten, um zu überleben, jetzt erneut in diese Hilflosigkeit.

Der Pflege bedürftig sein

Alte Menschen, die völlig auf unsere Hilfe angewiesen sind, haben sich – möglicherweise – auf diese archaische Reise begeben, um durch die guten Mächte wunderbar geborgen zu sein. Wir wissen nicht, ob sie sich bewusst oder unbewusst, willentlich oder unwillentlich auf den Weg der Hilflosigkeit begeben haben. Solange ihr Lebensfaden noch nicht abgeschnitten wurde, sind sie auf unser verantwortliches Handeln, unsere Intuition, unsere validierende, wertschätzende Haltung und unsere geduldige Fürsorge angewiesen.

So ist es unsere Aufgabe, sei es als Angehöriger oder als Pflegekraft, diese Menschen so anzunehmen *(Einwilligung)*, ihnen eine Brücke zu bauen *(sich wieder verbinden)*, ihren Alltag so zu gestalten, damit sie durch unsere Zuwendung im Irdischen Geborgenheit erleben. Dann können sie die Transformation vollziehen und sich, von guten Mächten wunderbar geborgen auf ihre letzte Reise begeben.

Von guten Mächten

Im Bewusstsein seines eigenen, bevorstehenden Todes schrieb Dietrich Bonhoeffer in seinem berühmten Lied:

„Von guten Mächten treu und still umgeben,
Behütet und getröstet wunderbar,
So will ich diese Tage mit euch leben
Und mit euch gehen in ein neues Jahr."

Dies entspricht der ersten Sterbephase (siehe S. 52), doch Bonhoeffer leugnet nicht, sondern er vertraut sich der guten Mächte an.

„Noch will das alte unsre Herzen quälen,
Noch drückt uns böser Tage schwere Last.
Ach, Herr, gib unsern aufgescheuchten Seelen
Das Heil, für das du uns bereitet hast."

Bonhoeffer war sich dessen bewusst, mit einem göttlichen Auftrag auf die Erde, in dieses Leben in diese Zeit geboren worden zu sein. Das gab ihm die Zuversicht, die aus dem Lied spricht.

Vom Loslassen zum Annehmen

In der zweiten Sterbephase geht es darum, das Alte loszulassen.

„Und reichst du uns den schweren Kelch, den bittern
Des Leids, gefüllt bis an den höchsten Rand,
So nehmen wir ihn dankbar ohne Zittern
Aus deiner guten und geliebten Hand."

Sich der guten Mächte gewiss braucht Bonhoeffer nicht zu verhandeln. Selbst die vierte Phase, die Depression, kann er überspringen und zur fünften Phase kommen, dem Annehmen. Er bittet dann, Abschied nehmen zu können und weiß sich und seine Freunde:

„Von guten Mächten wunderbar geborgen,
Erwarten wir getrost, was kommen mag.
Gott ist mit uns am Abend und am Morgen
Und ganz gewiss an jedem neuen Tag."

Weg der Hilflosigkeit und der Geborgenheit

Sterbe-phasen *Kübler-Ross*	Weiheits-pfad *Markowa*	Kreations-phasen *Wallas*	Trauma-Symptome *Levine*	Endlose Kreations-spirale *Knoope*
Verleugnen				
	Rückzug			
		Behar-lichkeit		
			Hilf-losigkeit	
Ein-willigen	*Sich wieder verbinden*	*Gestalten*	*Transfor-mieren*	Schlafen und vergessen
α *Im Göttlichen Geborgenheit finden* ω				

Tab. 4: Weg der Hilflosigkeit und der Geborgenheit

Der Weg der Hilflosigkeit verliert das Irdische.
Der Weg der Geborgenheit findet das Göttliche

10. Finde Geborgenheit im Göttlichen

Sich bereitmachen für die letzte Reise

Und dann war da noch die 96-jährige Margarete G.*, deren Kräfte von Tag zu Tag schwanden. Von dem Schlaganfall vor einem halben Jahr hatte sie sich nicht mehr erholt. Nicht nur der Zustand ihres Körpers, auch der ihrer Persönlichkeit hatte sich gewandelt.

Mir wird eine Situation wieder gegenwärtig: Eine große Unruhe lässt sie unentwegt an Decken und Nachthemd zupfen. Sie erzählt von Dingen, aus denen ich mir keinen Reim machen kann. Häufig unterbricht sie sich selbst in ihrem Erzählfluss, indem sie wiederholt *„Nein!, Nein!"* ruft. Das Sprechen fällt ihr schwer, denn sie schafft es kaum, genug Luft zu holen, um die Worte über die Lippen zu bringen. Nach einer Pause setzt sie erneut zu reden an: *„Ich bin ..."* Pause. Und dann wieder: *„Ich bin ..."* und jetzt bringt sie den Satz zu Ende: *„Ich bin ich."* Wie ein Mantra sagt sie ihn vor sich her: *„Ich bin ich. Ich bin ich."*

Ich bin ich.
Vom Sein zum All-Eins-Sein

Ist es ein Ausdruck von Verwirrtheit? Ist es purer Zufall? Oder handelt es sich eher um ein Entrückt-sein? Ihr Blick ist klar und doch so weit weg, sie ist hellwach.

Ich muss an Moses denken. Der Gott, der ihm auf dem Berg Sinai die Gesetzestafeln übermittelt, gibt sich Moses durch die Worte zu erkennen: *„Ich bin der Ich-Bin."* So schließt sich für diese Frau der Kreis: vom Göttlichen über das irdische Sein hin wieder zum All-Eins-Sein.

Vom: *„Ich bin der Ich-Bin"* zum *„Ich bin ich."* Nicht ich bin Margarete G.*, die dieses Leben gelebt hat, sondern: *„Ich bin ich."* Nicht die Person, sondern das Sein. Weder Identifikation noch Disidentifikation. Das liegt jenseits von allem. Margarete G.* verstarb einen Tag darauf.

* Anmerkung: Der Name wurde geändert.

„Ihr fürchtet euch vor dem Tod, aber seid getrost, ich habe den Tod überwunden!" Johannes 16.33

Ich bin die Auferstehung und das Leben

Bild 16

Der in diesem Buch beschriebene fünfte Weg umfasst die folgenden zehn Schritte:

1. Bewahre den Frieden und Dein inneres Bild

2. Hab Dank für alles, was Dir gegeben wurde

3. Ich habe ein Ziel, aber ich bin nicht das Ziel

4. Verwandle zuerst Deine Glaubenssätze

5. Meide den Weg der Gehässigkeit

6. Entdecke den Reichtum, der in Dir steckt

7. Verbinde Dich mit Deiner dunklen Seite

8. Höre, was Dein Herz Dir sagt

9. Erwecke den Christus in Dir

10. Finde Geborgenheit im Göttlichen

Erbitte Gottes Segen für deine Arbeit,
aber verlange nicht auch noch, dass er sie tut!

Karl Heinrich Waggerl

Bildquellen

Titel: Aquarell, Baum in Abendsonne, 1993
Bild 1: Foto, Aschenputtel, Motiv auf Mainau , 2015
Bild 2: Foto, 2 Tauben, Kirche auf Zypern , 2017
Bild 3: Foto, Rosenwasser, 2018
Bild 4: Foto, Schutzengel, Ischia, 2015
Bild 5: Foto, Offene Tür, Zypern, 2017
Bild 6: Foto, Marionette, Irland, 2012
Bild 7: Foto, Geburt, Ischia, 2008
Bild 8: Foto, Shalom, Zypern, 2015
Bild 9: Foto, Picasso in Aktion, 2008
Bild 10: Foto, Elefant, Zirkus in Überlingen, 2010
Bild 11: Kopie, Ursprung unbekannt, ca. 1985
Bild 12: Foto, segnender Jesus, Ischia, 2006
Bild 13/14: Fotos, Sydney, Überlingen, Ischia, 2007
Bild 15: Foto, Kreuz Ischia, 2015
Bild 16: Heiliger Geist, Ischia, 2019

Textquellen

Roberto Assagioli: Handbuch der Psychosynthese, Nawo, 2004
Marinus Knoope: Die Kreationsspirale, Urachhaus 2002
Dawna Markova: Die Versönung mit dem inneren Feind, Junfermann, 2001
Naomi Feil: Validation, Wien, 1990
Thomas Yeomans: Heiliges Feuer, Navo Verlag, 2022
Gerald Hüther: Würde

Tabellen

Tab. 1: Vergiftete Kreationsspirale
Tab. 2: Sterbephasen nach Kübler-Ross
Tab. 3: Weg zum ewigen Leben nach Jesus
Tab. 4: Weg der Hilflosigkeit und der Geborgenheit

Sieben Wege zum kreativen Älterwerden

🚢 E Das Lebensschiff bis ins hohe Alter souverän steuern

🌳 1. Die Bilder der Seele sprechen lassen

👤 2. Die Biografie als Gestaltungsaufgabe

🌙 3. Dreh Dich nicht um! Deine Blockaden lösen

◉ 4. Auf künstlerischen Wegen der Weisheit entgegen

✠ 5. Empfangen der Würde im Alter

✴ 6. Mit Worten malen. Pfad der Läuterung

🏆 7. Die Teile des Lebens zum Ganzen zusammenfügen

 **B**

Die Bücher von Norbert Wickbold

finden Sie auf den folgenden Seiten

Denkzettel

mit elf Texten!

Tb: € **12,80** (D)

geb: € **19,80** (D)

e-Book: €   **7,99** (D)

Preise gelten auch für die Jubiläums-

ausgaben (nächste Seite)

Denkzettel – elfte Staffel

Nummer 101 bis 111

Bonusausgabe mit

Bonusdenkzettel!

Der Ratgeber zum Älterwerden:

Wer weiß, wie wir mal werden?
Selbstentwicklung kreativ fürs Alter nutzen

Im Alter würdevoll Leben, möglichst ohne Leiden zu müssen, dass wünschen sich viele Menschen. Ist das möglich? Nach 22 Jahren Arbeit in der Altenpflege, behaupte ich: Ja! Es ist möglich, wenn wir bereit sind, unser Leid anzunehmen. Dann können wir es wandeln. Mithilfe unserer Lebenserfahrung, der Kunst und verschiedener therapeutischer Ansätze können wir einen inneren Wandel vollziehen und den Abbau- und Sterbeprozess kreativ wandeln in einen Aufbau- und Integrationsprozess.

Das Buch vereint viele Beispiele aus der Praxis, der Kunst, der Dichtung und der Forschung und zeigt sieben Wege zum kreativen Altwerden auf.

384 Seiten, mit vielen, teils farbigen Abbildungen

Tb: € 27,00 (D)

geb: € 33,80 (D)

eBook: € 12,99 (D)

ISBN:
978-3-8495-9811-2 (Tb.)
978-3-8495-9812-9 (geb.)
978-3-8495-9813-6 (e-Book)

Die Seminarbücher:

Sieben Wege zum kreativen Älterwerden

Hier werden sieben Wege aufgezeigt, die dich befähigen, auch im Alter eine Persönlichkeit zu sein, die souverän und weise ihr Leben führt.

ISBN
978-3-7482-0869-3

ISBN
978-3-347-21315-9

ISBN
978-3-347-41444-0

ISBN
978-3-347-79324-8

Zu jedem Weg werden Seminare angeboten. In lockerer Folge erscheinen weitere Themenbücher, die unabhängig voneinander durchgearbeitet werden können.

Tb: € 10,50 (D)   geb: € 18,80 (D)   eBook: € 5,99 (D)

ISBN
978-3-347-91253-3

ISBN
978-3-347-93269-2

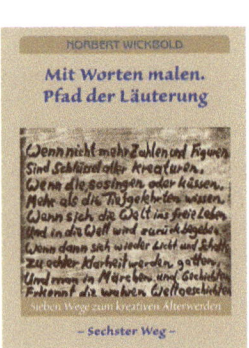

Mit Worten malen.
Pfad der Läuterung

Die Teile des Lebens
zum Ganzen
zusammenfügen

Der Roman, der zur Quelle führt:

Die Wiederkehr der Morgenlandfahrer

Die Idee der Morgenlandfahrer Hermann Hesses wird hier wieder aufgegriffen und mit hochaktuellen Themen verknüpft: Auf der einen Seite steht eine gigantische, den Globus beherrschende Wirtschaftsmacht und ihr gegenüber befindet sich die entmachtete Gruppe der vielen. Ein paar wenige wagen es, um ihr Grundrecht auf sauberes Wasser zu kämpfen und bringen das Machtgefüge der Weltmacht an seine Grenzen. Der Roman:

Die Wiederkehr der Morgenlandfahrer

gibt Hoffnung auf die Kraft von Einzelnen, die ihre innere Quelle gefunden haben. Hier geht es darum, seinem Stern zu folgen und daraus Kraft für die Bewältigung auch sehr schwieriger Aufgaben zu ziehen. Die Reise der Morgenlandfahrer ist eine Reise durch die innere Wüste seiner eigenen Seele. Es ist eine Reise zur inneren Quelle. Sieben Künste weisen den Weg dorthin. Jeder findet seinen eigenen Weg. Der Leser bekommt einen spannenden Roman vorgelegt, der Hoffnung machen will, dass auch eine globale Bedrohung überwindbar ist. Er kann sich ohne Weiteres in einer der Hauptfiguren wiederfinden und erhält somit schnell einen eigenen Bezug zu Thema und Inhalt des Romans. Und er kann sich auf seinen eigenen Weg zu seiner eigenen Quelle begeben!

336 Seiten € **18,50** (D) Tb

ISBN: 978-3-8495-9890-7 (Tb.)
    978-3-8495-9891-4 (geb.)
    978-3-8495-9892-1 (e-Book)

Die Jubiläumsausgaben

Tb: 12,80 € geb: € 19,80 € eBook: 7,99 €

Zum Anliegen der Denkzettel

Hier werden Lebensthemen oder politische Themen in oftmals ungewöhnliche Denk- und Sichtweise humorvoll oder eher besinnlich erörtert. Jeder Band umfasst zehn Texte, die nicht all zu ernst genommen werden sollen, denn ich möchte dazu beitragen, all zu engstirnige Denkweisen aufzulockern. Vielleicht kommen Sie bei deren Lektüre ins Schmunzeln und es fällt Ihnen anschließend leichter, Altbekanntes neu zu betrachten und es auf bisher ungeahnte Weise zu bedenken.

Tb: € 11,80 (D)   geb: € 18,80 (D)   eBook: € 6,99 (D)

Gedichte und Gedanken:

Was seht ihr denn?
und
Was denkt ihr denn?

Wie viele Gedanken gehen uns durch den Kopf und ziehen sehr schnell wieder weiter? Einige hinterlassen bleibende Spuren, andere geraten bald wieder in Vergessenheit. Neue Ereignisse und neue Gedanken verdrängen unsere Gedanken von gestern.

Tb: € **8,00** (D)	Tb: € **8,00** (D)
geb: € **13,50** (D)	geb: € **13,50** (D)
e-Book: € **4,99** (D)	e-Book: € **4,99** (D)

ISBN:
978-3-7323-1126-2 (Tb.)
978-3-7323-1127-9 (geb.)
978-3-7323-1128-6 (e-book)

ISBN:
978-3-347-59249-0 (Tb.)
978-3-347-59250-6 (geb.)
978-3-347-59251-3 (e-book)

Der Autor:

Norbert Wickbold

1973-1984 Lehre und Arbeit
als Elektriker
1985-1993 Kunsttherapie-Studium
und freie Arbeit als Dozent
für künstlerische und literarische Kurse
1994-2022 Ausbildung und Arbeit als Altenpfleger
2008-2010 Master-Studium in Erwachsenenbildung
2003   Beginn meiner schriftstellerischen Arbeit
2010 • *Vom Sinn des Lebens, des Sterbens und der*
Aufgabe des Alters in Heft 23 der Zeitschrift:
»Psychosynthese«, Navo-Verlag, Zürich
2014 • *Wer weiß, wie wir mal werden?* veröffentlicht
2015 • *Die Wiederkehr der Morgenlandfahrer* und
• *Was seht ihr denn? – 42 Gedichte und Gedanken*
• *Denkzettel – Die ersten zehn*
2016 • *Denkzettel –die zweite Staffel* bis
2019 • *Denkzettel – dritte bis fünfte Staffel*
2020 • *Geschichten aus dem Paradies*
• *Sieben Wege zum kreativen Älterwerden /Einleitung*
• *Denkzettel – sechste Staffel*
2021 • *Die Bilder der Seele sprechen lassen /1. Weg*
• *Die Biografie als Gestaltungsaufgabe /2. Weg*
• *Denkzettel – siebte Staffel, achte Staffel*
2022 • *Denkzettel – neunte Staffel, zehnte Staffel*
• *Was denkt ihr denn? – Dichtungen, Verse ...*
• *Neue Geschichten aus dem Paradies*
2023 • *Dreh dich nicht um – Die Blockaden lösen /3. Weg*
• *Auf künstlerischen Wegen der Weisheit entgegen /4. Weg*
• *Empfangen der Würde im Alter – ein christlicher Weg*
• *Denkzettel – die elfte Staffel*

weitere Infos:

Norbert Wickbold
n.wickbold@heilkunstundfarbenpracht.info
www.heilkunstundfarbenpracht.de

Bücher erhältlich über
www.tredition.de

Zeitfracht Medien GmbH
Ferdinand-Jühlke-Straße 7
99095 Erfurt, Deutschland
produktsicherheit@kolibri360.de